G. Brunner/S. Heißler • Die Suche nach dem idealen Mandanten –
Ein Märchen für Steuerberater, Mandanten und andere Menschen

Die Suche nach dem idealen Mandanten

Ein Märchen für Steuerberater, Mandanten und andere Menschen

Von
Gerhard Brunner und Sven Heißler,
beide Nürnberg

ISBN 978-3-482-63221-1

© NWB Verlag GmbH & Co. KG, Herne 2010
www.nwb.de

Alle Rechte vorbehalten.

Dieses Buch und alle in ihm enthaltenen Beiträge und Abbildungen sind urheberrechtlich geschützt.
Mit Ausnahme der gesetzlich zugelassenen Fälle ist eine Verwertung ohne Einwilligung
des Verlages unzulässig.

Druck: medienHaus Plump GmbH, Rheinbreitbach

Vorwort

„Erzählen Sie doch keine Märchen", ist die gern genommene Aufforderung, um einen Gesprächspartner zu disziplinieren. Warum eigentlich? Gerade das Märchen bringt auf erzählerische Weise die wesentlichen Dinge auf den Punkt, die wir vor lauter Fakten, Fakten, Fakten übersehen. Insofern ist es ein ideales Medium zur Vermittlung von sensiblen Sachverhalten. Also, lassen Sie sich doch mal ein Märchen erzählen. Unseres hat den Titel: „Die Suche nach dem idealen Mandanten" und ist – in Anlehnung an die Bilderbücher unserer Kindheit – als Comic gestaltet.

Das Märchen hat einen realen Hintergrund, den jeder Steuerberater kennt. Die Eigenart der Steuerberater-Mandanten-Beziehung erzeugt eine Intensität der Bindung, wie sie sonst nur zwischen sich verwandtschaftlich nahestehenden Personen üblich ist. Dieses Vertrauensverhältnis hat einen positiven Kern, franst aber, wie in jeder „Zweierbeziehung" üblich, an den Rändern immer einmal wieder aus, nämlich dann, wenn die Zumutungen an den Partner die Belastungsgrenze übersteigen. Dies löst – vor allem beim Steuerberater und seinen Mitarbeitern – gelegentliche Nervenreizungen aus, die sie manchmal von dem Ideal-Mandanten träumen lassen

In diesem Comic erzählen wir in die Geschichte des Steuerberaters Schmidt, der, angestachelt von seiner Steuerberater-Stammtischrunde, auszieht, um den Ideal-Mandanten zu finden. Nach einer beschwerlichen und gefahrvollen Reise erreicht Schmidt den Hof des sagenumwobenen Ideal-Mandanten, um dessen Gunst bereits – wie sollte es anders sein – weitere Steuerberater buhlen. Schmidt gewinnt den Wettstreit mit seinen Berufskollegen um das Mandat, weil er den bösen Drachen „Fis-Kus" nach heroischem Kampf besiegt, kann das Mandat jedoch – aus bestimmten Gründen, die wir im Vorwort noch nicht verraten wollen – nicht antreten. Enttäuscht zurückgekehrt, versucht Schmidt, sein Ziel auf anderen Wegen zu erreichen: über eine Casting-Show, mit Hilfe einer Back- bzw. Bastelanleitung Marke „Eigenbau" – alles keine letztlich erfolgreichen Lösungsansätze. Die Lösung naht – wie sollte es in einem Märchen anders sein – in Gestalt einer Fee, die bereit ist, Schmidt den Herzenswunsch zu erfüllen. Das (gute) Ende der Geschichte ist dann doch überraschend, aber sowohl für Mandanten als auch Steuerberater versöhnlich und zufriedenstellend.

Mit unserem zweiten im NWB Verlag erschienenen Comic wollten wir ein auf Verständnis und Verständigung angelegtes Buch machen und den Spagat schaffen zwischen erhobenem Zeigefinger und herzlicher Umarmung des Mandanten. Wir hoffen, dass uns dies gelungen ist. Unser Märchen ist zugleich ein Lehrstück, das zeigt, dass die als hart gescholtene Realität manchmal eher dem Idealzustand entspricht als eine Wirklichkeit gewordene Wunschvorstellung. Und so leben denn nun alle glücklich und zufrieden bis an das Ende ihrer Tage.

Nürnberg, im Oktober 2010

Gerhard Brunner

Sven Oliver Heißler

Inhalt

Kapitel 1: Vorgeschichte 9

Kapitel 2: Vorbereitung 25

Kapitel 3: Der Reise erster Teil – von Wüsten, Tälern und Bergen 31

Kapitel 4: Der Reise zweiter Teil – von Flüssen und Wäldern 41

Kapitel 5: Der Reise dritter Teil – von Wällen und Wegen 49

Kapitel 6: Am Hofe des Mandantenkönigs 55

Kapitel 7: Der Kampf mit dem Drachen 61

Kapitel 8: Abschied und Rückkehr 69

Kapitel 9: Casting 73

Kapitel 10: Backe, backe Kuchen 79

Kapitel 11: Wir basteln uns einen Mandanten 85

Kapitel 12: Wünsch Dir was! 89

Kapitel 13: Am Ziel? 95

Kapitel 14: Ende gut 101

Kapitel 1:

Vorgeschichte

Aus StBMag Heft 5/2010

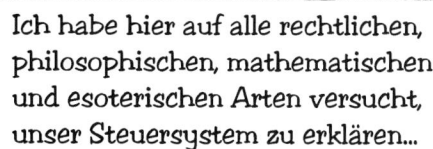

Kapitel 2:

Vorbereitung

Kapitel 3:

Der Reise erster Teil - von Wüsten, Tälern und Bergen

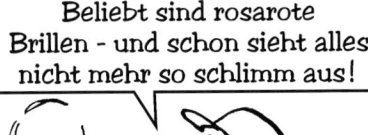

Am vernünftigsten sind jedoch die Antidepressiva! Schlucken und fröhlich durchreiten.
Naja...
Und für Freaks hab' ich noch 'nen Energy-Drink, der angeblich Schwingen verleiht. Da kann man das Tal als "Überflieger" überqueren. Klappt aber nicht immer...
Uaaah !!!
Nette Produkte! Aber ich denke, ich probier's einfach so.
Okay!? Ist ja Ihre Psyche, Meister. Viel Glück!
Und so machte ich mich auf den Weg. Es ging bergab...
Sehr lange bergab...
Puh, das nenn' ich mal 'nen konjunkturiellen Abstieg!
Endlich in der Talsohle angekommen, bot sich mir ein schreckliches Bild. Verfallene Industrieruinen, ...
Wollen die mich verkohlen?
BLÜHENDE LANDSCHAFTEN

...verwaiste Konsumtempel, ...	...menschenleere Wohnsilos...
KAHLSTADT — RETTER GESUCHT — QUALLE — INSOLVENZ	
...und erschütternde Mahnmale, ...	...die mir zum Teil sehr bekannt vorkamen.
VON DEM HAR(T)Z DIESER IV BÄUME LEBTEN 60 % DER BEVÖLKERUNG	Das erinnert mich doch... — In diesem See ertranken die Banken an dem Geld, das sie nicht der Wirtschaft zur Verfügung stellten
Zwischenbemerkung der Autoren: Hier wird unser Held an eine ähnliche Situation zu Hause erinnert, ...	...für die er einen Lösungsvorschlag im StBMag Februar 2010 publizierte, der bisher nicht umgesetzt wurde.
TEXTER — ZEICHNER	TEXTER — ZEICHNER

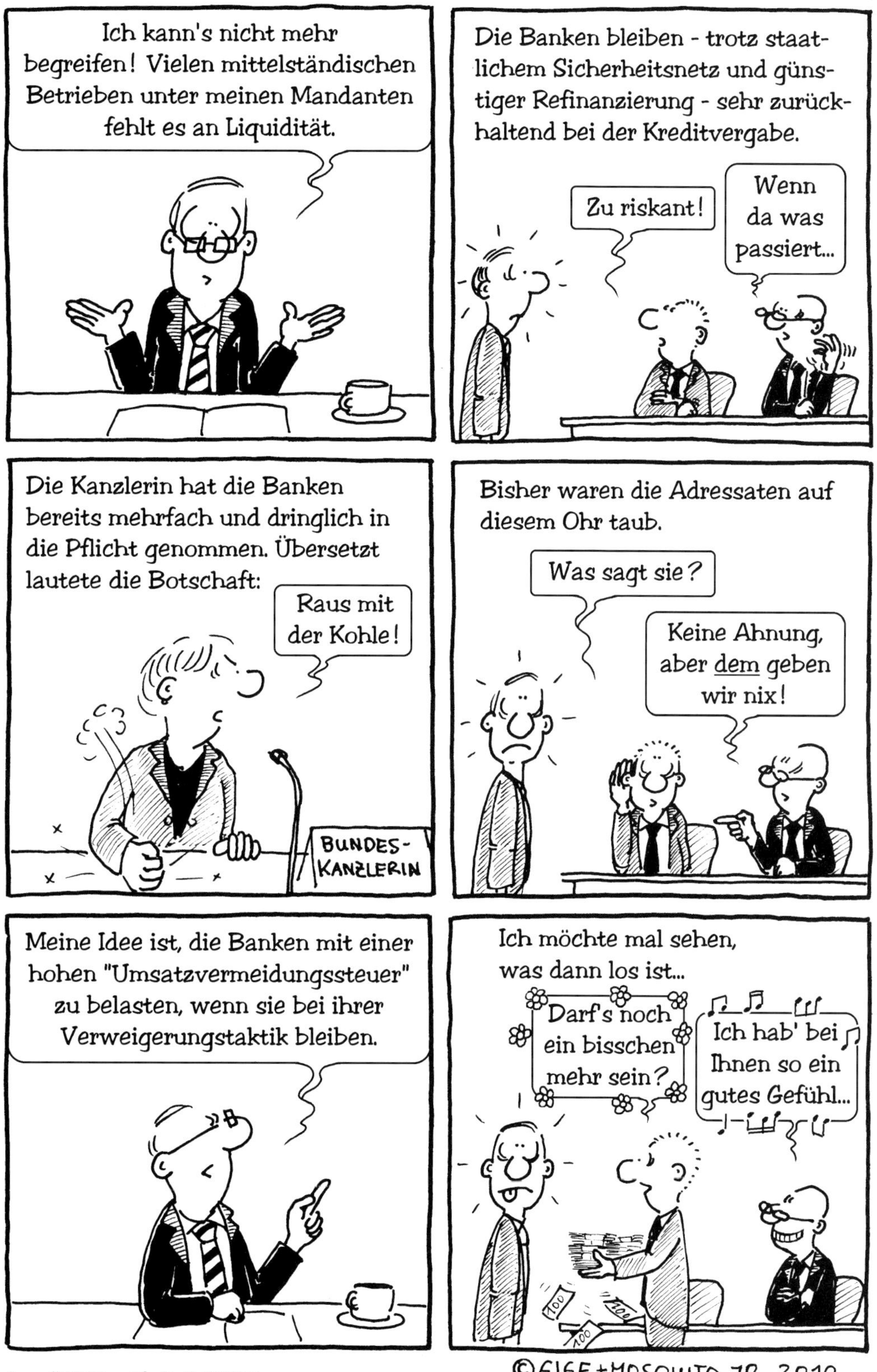

Aus StBMag Heft 2/2010

Ohne zu verweilen floh ich diesen Ort auf kürzestem Wege. Das gesehene Elend ließ mich nicht unberührt.
Traurig, traurig. Vielleicht hätte ich doch diese Glückspillen...
Ach was! Ein ordentliches Mittagessen ist das beste Antidepressivum!
Das einzige Gasthaus in der Gegend passte leider thematisch hervorragend zum eben durchquerten Tal...
DARB BRÄU DÜNNBIER
DER ENGER GESCHNALLTE GÜRTEL
KÜCHENMEISTER HANS SCHMAL LÄDT EIN
UNHAPPY HOUR 0 - 24 H
Dementsprechend trist war Ambiente und Kost...
Puh - ist die Suppe fad!
Könnte ich bitte etwas Salz haben?
Salz ist seit 1953 aus!
Verwöhntes Luxusbürschchen!
Was kommt als Nächstes? Echter Bohnenkaffee?
Und so verließ ich zwar leidlich gesättigt aber unbefriedigt diesen grauen Ort.
Als nächste Etappe stand die Überquerung der Schuldenberge an.
RENT A MULI

Ein Unterfangen, das sich als äußerst anstrengend entpuppte, ...
Puh, gleich den ersten Gipfel geschafft...
ZUM GIPFEL 100 m
...da Schuldenberge die Eigenart haben, ...
RUMPEL
...ständig zu wachsen !
Mist !
ZUM GIPFEL (JETZT WIEDER) 500 m
Tückisch waren auch die plötzlich auftretenden Finanzierungslöcher:
Huch !
Anderen Gefahren begegnete ich mit gewohnter Lakonie:
Puh - da wäre ich fast unter Schulden begraben worden...
POLTER
In den zugigen Nächten auf luftigen Höhen träumte ich von meiner Frau.
Du hättest die warme Unterwäsche mitnehmen sollen!
Pöh...
Irgendwann waren die Berge überwunden.
Man könnte sagen: Ich bin raus aus den Schulden. Hihi ! *
* Anmerkung der Autoren: Sehr witzig, unser Held. Aber...
...den Humor kann er brauchen !
Denn schon steht das nächste Hindernis an:
TEXTER
ZEICHNER

Kapitel 4:

Der Reise zweiter Teil - von Flüssen und Wäldern

Der reißende Strom des abfließenden Kapitals!

Am Fuß der Berge floss der "Strom des abfließenden Kapitals", welcher sein kostbares Nass in ferne Länder trug.

Der Strom wurde durch die beiden Nebenflüsse "Steuerflucht" und "Auslandsinvestition" so reichlich gespeist, ...

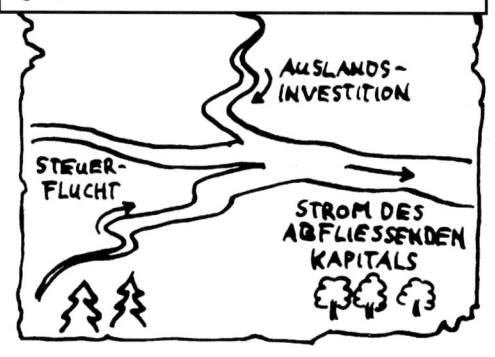

...dass an eine schwimmende Überquerung nicht zu denken war. Außerdem war er eiskalt!

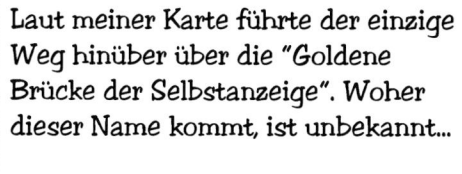

Brrr!

Laut meiner Karte führte der einzige Weg hinüber über die "Goldene Brücke der Selbstanzeige". Woher dieser Name kommt, ist unbekannt...

Zum Überqueren konnte man sich als Schutz vor der Gischt ein sackleinernes Gewand mieten, welches im Fachjargon als "Büßerhemd" bezeichnet wird. RENT A BÜSSERHEMD	Reiseprofis schützen ihr Haupthaar zusätzlich mit darüber gestreuter Asche.
Bei der Überquerung fiel mir dann noch ein Gassenhauer ein: Wir sind alle arme Sünderlein!	Auf der anderen Flussseite angelangt... Irgendwie fühle ich mich jetzt begnadigt.
...sah ich in der Ferne einen geheimnisvollen Forst. Seltsam, der ist gar nicht auf der Karte verzeichnet...	Zum Glück kam in diesem Moment eine vermummte Gestalt des Weges. Auf ein Wort, Kapuzenmann!

Den konnte man ja mal fragen...
Wie ist der Name dieses Waldes ?
Ich verrat's Euch für einen Silberling.
Es ist der "Wald der Denunzianten", Herr.
Ich hoffe, Ihr seid kein Steuersünder. Die (Denunzianten) kriegen nämlich...
alles raus und verkaufen dann Eure Daten.
Der "Wald der Denunzianten"? Da sind sie also abgeblieben!
Zwischenbemerkung der Autoren:
Das Denunziantentum hat in der Vergangenheit für Wirbel gesorgt.
ZEICHNER
TEXTER
Auch unser Held hat sich damit jüngst in zwei seiner Geschichten in der NWB beschäftigt.
ZEICHNER
TEXTER

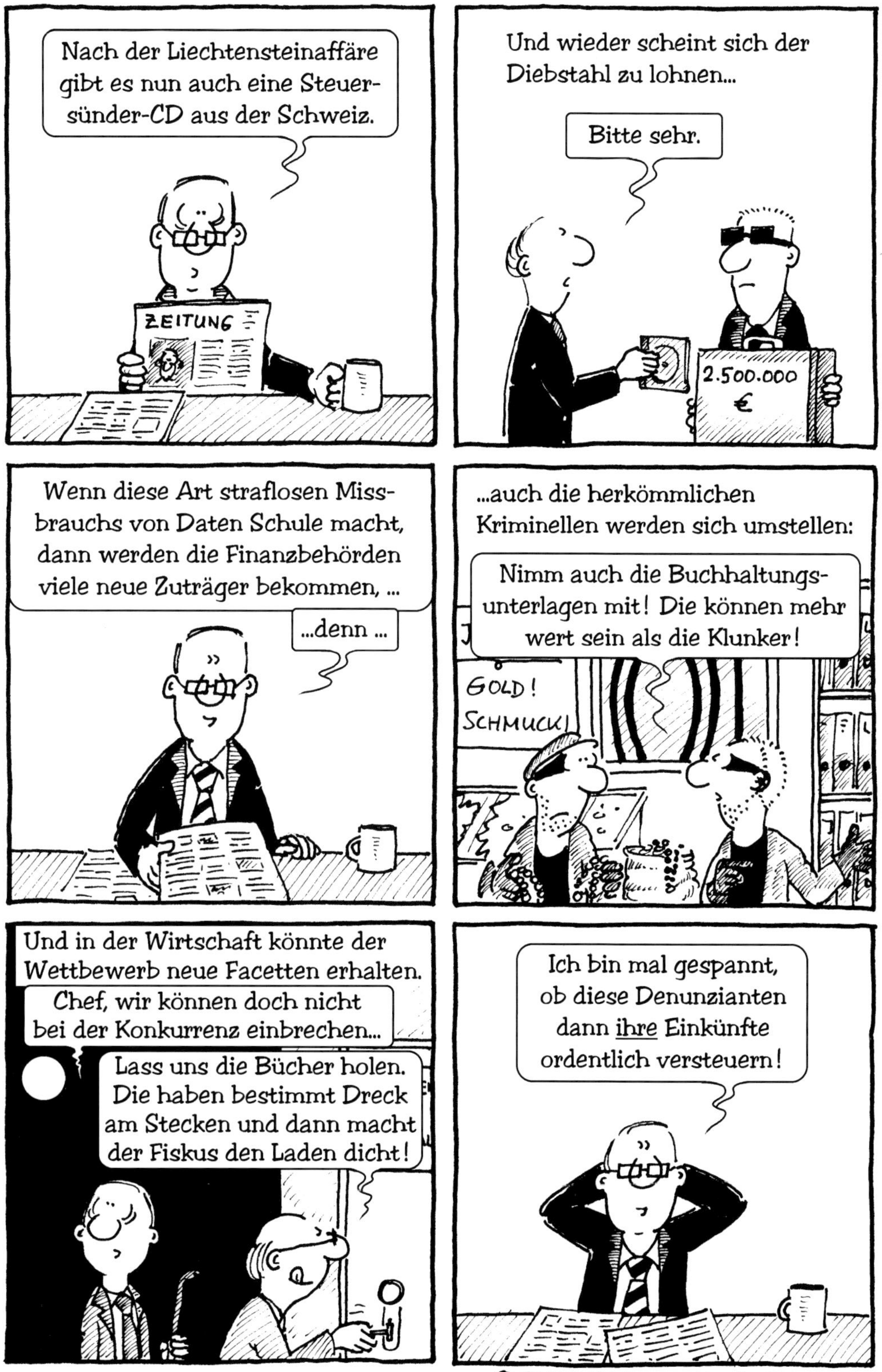

Aus NWB Heft 8/2010

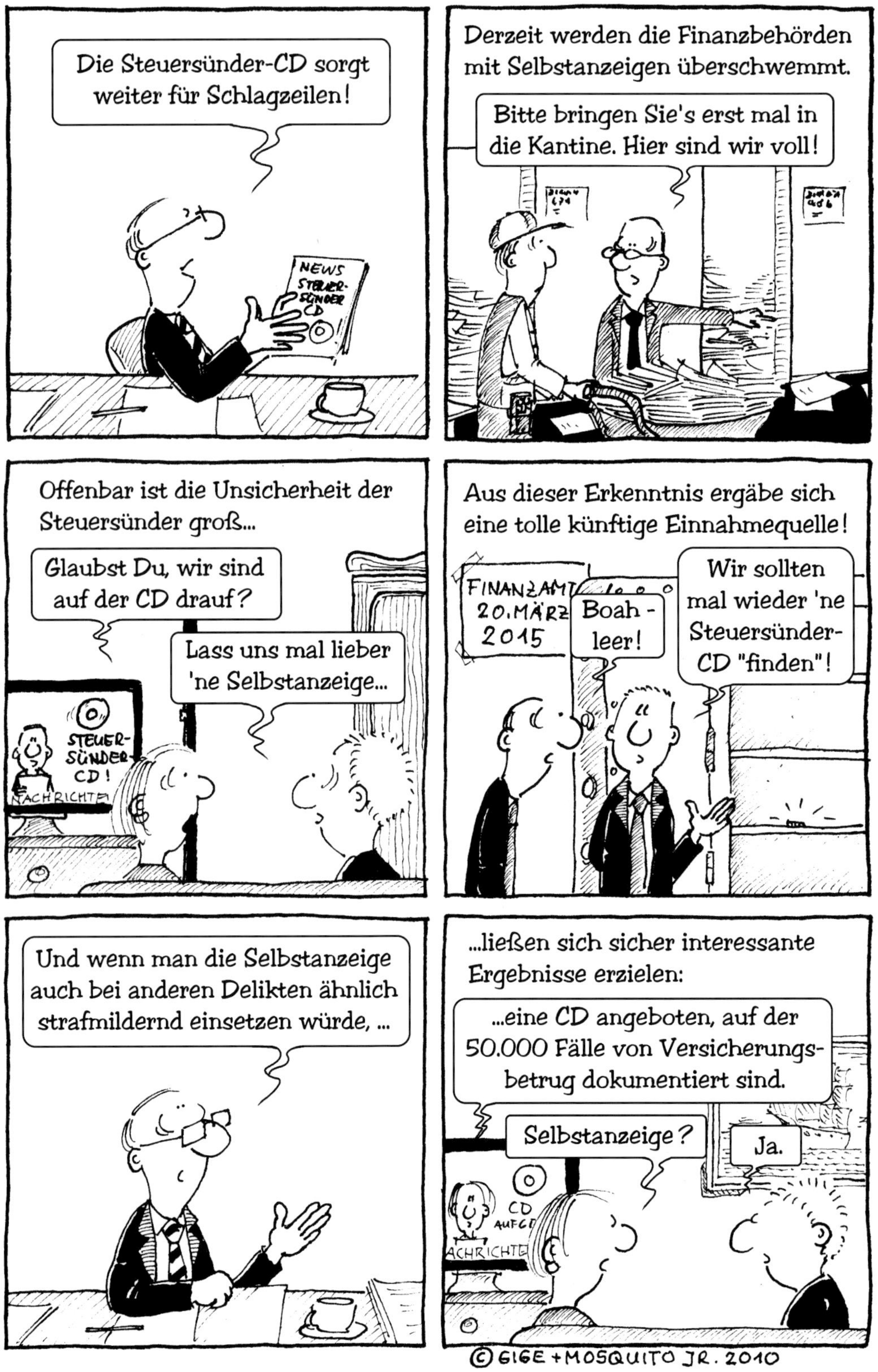

Aus NWB Heft 15/2010

Im Wald herrschte reges, aber leises Leben...

Psst!

Wisper...

Die Anbieter von Steuersünderdaten waren vielfältig. Von "pompös"...

STEUERDATEN WELTWEIT

über "kombinatorisch interessant"...

...bis zu "rudimentär".

Psst!

STEUER-CDs UND HEISSE WÜRSTEL!

Es gab sogar ein Auktionshaus, in dem man solche Daten ersteigern konnte:

1 Mio zum Ersten, Zweiten und Dritten! Verraten und verkauft an den Herrn vom FA Gütersloh!

AUKTIONSHAUS PETZ & SÖHNE

Panel 1: Um die Kernbranche herum hatten sich viele Geschäfte gruppiert:
KLEIDER SCHULZE — PASSEND GEKLEIDET ZUR DATENÜBERGABE — TRENCHCOATS + HÜTE IN UNAUFFÄLLIGEN FARBEN

Panel 2: Hack & Zip GmbH — HACKER-SOFTWARE SO KOMMEN SIE IN JEDE BANK!

Panel 3: REISEBÜRO BLOSSWEG — IM ANGEBOT: STEUERPARADISE! DAMIT WENIGSTENS IHNEN IHR GELD BLEIBT! CAYMAN ISLAND JETZT BUCHEN!

Panel 4: Ich beschloss eine kurze Rast in einem der vielen "konspirativen" Cafés einzulegen.
CAFE ZUR VORGEHALTENEN HAND

Panel 5: Der von mir bestellte Eiskaffee...
"Einmal 'Judasbecher' der Herr..."

Panel 6: ...hatte allerdings einen schalen Beigeschmack.
Pöh!

Panel 7: Da mir der vorherrschende Flüsterton langsam auf die Nerven ging, machte ich mich bald wieder auf den Weg.
Die Rechnung bitte!
Sehr wohl der Herr...

Panel 8: Kann mir jemand mal unentgeltlich verraten, was als nächstes kommt?
Selbstverständlich!

Kapitel 5:

Der Reise dritter Teil - von Wällen und Wegen

Panel 1: Kaum hatte ich den finsteren Wald hinter mir gelassen...
Endlich!

Panel 2: ...tat sich ein gewaltiges Hindernis vor mir auf: Der Gesetzeswall!

Panel 3: Eine Umgehung schien ebenso unmöglich...
Das zieht sich ja ewig...

Panel 4: ...wie das Überklettern.
Boah, ist das hoch!

Panel 5: Umstände, die mich zu einer folgerichtigen Feststellung veranlassten:
Gesetze mögen es eben nicht, wenn man sie umgeht oder überschreitet!

Panel 6: ...und mir den Weg zur Lösung wiesen:
Moment mal! Als Steuerberater...

...ist ja unter anderem mein Job...
Rumor
...das Nutzen von...
Ratter
...Gesetzeslücken!
* Bitte beachten: Aus ökologischen Gründen verwenden wir nur noch Energiesparlampen!
Die sind ja bekanntlich da, wo man sie am wenigsten vermutet!
Da hinten sieht's besonders dick aus.
Tatsächlich...
Tschüss dann...
Da haben wir unsere Regelungslücke.
RENT A TASCHEN-LAMPE
Der Weg war eng, aber gangbar...

Bald war Licht am Ende des Tunnels.

Gleich hab' ich's geschafft! *

* Optimistische Annahme, ...

...die sich zwar im Detail als richtig, aber insgesamt als verfrüht herausstellte.

Na, das hat gerade noch gefehlt!

ACHTUNG! SIE BETRETEN DAS GEBIET DER RECHTSPRECHUNG!

Analog dem Sprichwort "In 1. Instanz und auf hoher See ist man in Gottes Hand" überquerte ich den "See des Finanzgerichts"...

RENT A BOOT

...und machte mich anschließend auf den steinigen und dornigen "Weg der höheren Instanzen".

WEG
STEINE
DORNEN

Durch einen Regen von Beweisanträgen...

Was man da alles um die Ohren gehauen kriegt...

...und einen Hagel von Rechtsgutachten...

Huch! Sind die dick, Mann!

...erreichte ich letztendlich den "Gipfel der höchstrichterlichen Entscheidung"...

...und hatte bei aufgehender Sonne einen atemberaubenden Blick auf das Land des Mandantenkönigs!

RENT A EDLES ROSS →

Über das letzte Bild entstand unter den Autoren eine heftige Auseinandersetzung:
Also, das mit dem Sonnenaufgang find' ich übertrieben!
Aber so romantisch!
TEXTER
ZEICHNER
Das ist 'ne knallharte Abenteurergeschichte und nicht Rosamunde Pilcher!
So 'n bisschen Kitsch tut dem Schmidt mal ganz gut.
Tupp
Tupp
TEXTER
ZEICHNER
Der Sonnenaufgang muss raus!!!
Na gut - aber dann mal' ich nur noch Strichmännchen!!!
TEXTER
ZEICHNER
TEXTER
ZEICHNER
Also gut - lass ihn drin!
Nein - ich mach ihn weg. War vielleicht wirklich ein bisschen dick aufgetragen...
TEXTER
ZEICHNER
Kumpels?
Kumpels.
TEXTER
ZEICHNER
Pssst! Ich mach' ihn doch nicht weg, hihi.
Das hab' ich gehö - ört!
ZEICHNER

Kapitel 6:

Am Hofe des Mandantenkönigs

Am Schloss des Mandantenkönigs angekommen, musste ich leider feststellen, dass ich nicht der einzige war, ...

Hinten anstellen!

...der seine steuerlichen Kenntnisse anbot.

AUDIENZ FÜR STB:
SAAL IV
BEGINN: 16.30 UHR

Aber da ich den weiten Weg gekommen war, nahm ich an der Audienz teil.

Der Mandantenkönig ergriff das Wort.

Liebe Bewerber um ein Mandat!

Sicher habt Ihr gehört, ich wäre ein lohnender Klient!

Oje, jetzt erzählt er gleich, dass alles nicht stimmt...

Das ist falsch, denn...

Na toll, der ganze Weg umsonst!

...es ist bei weitem untertrieben!
Ich bin in allen Einkunftsarten König, aber...
...der böse Drache Fis-Kus bedroht mich und meine Güter!
Schöne Metapher: "Der böse Drache Fiskus"!
Köstlich! Hahaha!
Und nur der soll mein Berater sein, der es schafft, den Drachen zu besiegen!
Kein Problem!
Der Job ist mir sicher!
Ist ja unser täglich Brot.
Der Fairness halber will ich Euch Euren Gegner zeigen. Meine Damen und Herren - darf ich vorstellen?
Der Drache Fis-Kus!

Nach Vorstellung unseres Gegners...	...reduzierte sich die Anzahl der Bewerber beträchtlich.
Übrig blieben: StB Thorsten Markwort, der wortgewaltige Riese, bekannt auch als "Geißel der Behörden", ...	...der streitbare StB Josef Hintermoser, von seinen Bewunderern ehrfurchtsvoll "Instanzen-Sepp" genannt, ...
...StB Theobald "The Cleverle" Schwäbli, geliebt und gefürchtet wegen seiner trickreichen Steuergestaltungen... *Des kriege mer scho na!*	...und ich!

An diesem Abend wurde uns zu Ehren ein rauschendes Fest gegeben, ...

...das jeder von uns auf seine Weise auf sich wirken ließ, ...
Die Veranstaltung ist durchaus meiner würdig.
Noch Sekt?
Noch Kaviar?

...nutzte, ...
...und dann sag ich zum Richter: "So kommen Sie mir nicht davon!"
Toll - die hören alle zu!

...verarbeitete - oder...
Sehr aufwändig! Mal schaue, was mer da alles an Werbungskoschde...
TIPP TIPP TIPP
CALC 2010

...einfach nur genoss!
Sie sind ja ein unermüdlicher Tänzer, Herr Schmidt!
Aber hallo!

Am nächsten Morgen ging's dann los.
RENT A RITTERRÜSTUNG

Kapitel 7:

Der Kampf mit dem Drachen

Bewaffnet und kampfbereit zogen wir vier Recken dann in die Schlacht.
Führte uns unser Weg zunächst durch fruchtbare Gegenden, ...
...so wurden diese immer kärglicher, je näher wir der Bestie kamen.
Da hat der Fis-Kus ja ganz schön abgegrast!
Das kennen wir doch!
Höhö!
Die Bewohner hatten seltsame Kleidungsgewohnheiten.
Neue Mode?
Nö - das war der Fis-Kus!
Manche waren aufgrund des Datenhungers des Fis-Kus zu wahrhaft gläsernen Bürgern geworden.
Sehr witzig!
Etwas durchsichtig, der Knabe!
Selbst die wenigen Tiere waren gezeichnet...
Kuck mal - da stürzt ein Vogel ab!
War wohl das Pfandsiegel zu schwer.

Endlich näherten wir uns dem Ziel...
DRACHENHÖHLE 1000 m (+19% WEGESTEUER)
Doch zunächst waren noch einige Formalitäten zu erledigen.
Publikumsverkehr zur Drachenhöhle? Ziehen Sie sich eine Nummer und melden Sie sich dann in Vorhöhle 221.
Füllen Sie dieses Formular aus und entrichten Sie in Vorhöhle 217 30 Silberlinge Bearbeitungsgebühr.
VORHÖHLE 221
Bringen Sie diese Bestätigung zurück zu Vorhöhle 221 und lassen Sie sie abstempeln.
VORHÖHLE 217
VORHÖHLE 217
Mittagspause Publikumsverkehr erst wieder ab 13.30 Uhr
VORHÖHLE 221
Jetzt reicht's! Wir gehen einfach zum Drachen!
Genau! Schließlich sind wir Killer und keine Antragsteller!

Vor der Höhle mussten wir allerdings feststellen, dass der Fis-Kus gerade sein Dienstnickerchen hielt.

SCHNORCH

Meine Kollegen versuchten lautstark auf sich aufmerksam zu machen.

He, Du!!!
Raus mit Dir!
Kämpfe, Du (Lind-)Wurm!

Doch der Erfolg war - bis auf einige gereizte Stimmbänder - mäßig.

Räusper   Krch   Krch
Ich bin *schon* ganz heiser...

Da hatte ich eine Idee! Auf was reagiert den der Fis-Kus normalerweise?

KLIMPER
KLIMPER

Das Ergebnis dieser Taktik war frappierend!

Schnoper

Der Kampf konnte beginnen!

StB Markwort begann sofort, den Drachen mit Beschwerden zu bombardieren. Gleichbehandlung! Willkür! Steuergerechtigkeit!	Doch diese prallten am Fis-Kus ab... PRALL PRALL
...und setzten Markwort außer Gefecht! Uff...!	StB Hintermoser überschüttete den Fis-Kus mit Klagen.
Dieser schüttelte sich...	Hintermoser bekam von der zähen Paragraphenmasse das meiste zurück und war bewegungsunfähig. Mist.

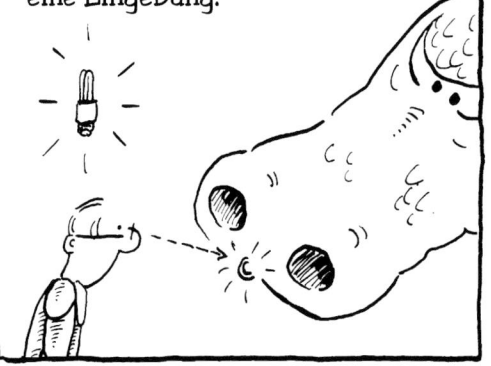

StB Schwäbli versuchte, den Fis-Kus zu umgehen und am ungeschützten Rücken anzugreifen.	Dies erzürnte den Drachen und er setzte seine "Steuerfahndungsflamme" ein. *Aua!* ZOSCH
Nachdem seine Pläne buchstäblich in Rauch aufgegangen waren, ... *Kokel* *Dampf*	...legte er zunächst eine kreative Pause ein. *Mir wird scho no ebbes einfalle.*
Seinen letzten Gegner sah sich der Fis-Kus genau an.	Bei dieser Gelegenheit fiel mir auf, dass er als modisches Accessoire einen Nasenring trug. Da hatte eine Eingebung.

Ich fasste den Ring...	...und führte den Fis-Kus so lange an der Nase herum, ...

...bis er...	...vor Wut...	zerplatzte!

Grandios!

Aber ein bisschen eklig...

Kapitel 8:

Abschied und Rückkehr

Der Rückweg gestaltete sich für einen triumphal, ...	

...für andere enttäuschend.

Mist.

Der Mandantenkönig empfing mich mit einem strahlendem Gesicht...

Mein Retter!

Ich hab' doch nur meinen Job...

Die goldene Vollmacht für die Übertragung des Mandats wurde unter festlichem Gepränge hereingebracht.

VOLLMACHT

Doch der Mandantenkönig hatte noch eine Überraschung auf Lager!

Höret!

Der Retter meines Reiches und steuerliche Vertreter meiner Interessen erhält nicht nur diese Vollmacht, sondern mein halbes Finanzreich und...	...die Hand meiner holden Tochter! Kicher
Äh... sehr großzügig! Aber meine Frau wäre da sehr ungehalten und... **Schweigt!!!**	Es gibt nur... alles zusammen, oder...	den Tod! Oh - oh...

(
Zwischenbemerkung der Autoren: Da unser Held zwar nicht den Kampf, wohl aber die Gunstbezeugungen der holden Mandantenkönigstochter... ...und die mögliche Reaktion seiner Ehefrau fürchtete, ... TEXTER ZEICHNER	...war seine Entscheidung schnell gefällt. TEXTER ZEICHNER
)

Dann wünsche ich den Herren eine fröhliche, aber erfolglose...
...Jagd!
SCHLOSS
Schnell verließ ich die Ländereien des Königs.
RENT A RENN-PFERD
Ebenso zügig gestaltete sich der Rückweg durch die Instanzen, ...
RUMPEL
PLATSCH
PLATSCH
GALOPPEL
...den Gesetzeswall, ...
SPRING
GALOPPEL
...den Wald der Denunzianten, ...
Was war denn das?
Verrat' ich Dir für 100 Silberlinge.
ZOSCH
...über Flüsse, Täler, Berge und Wüsten...
FLÜSSE DES ABFLIESSENDEN KAPITALS
Die habe ich abgehängt! Der letzte ist in ein Finanzloch gefallen!
SCHULDEN-BERGE
KONJUNKTUR-TAL
WÜSTE DER VERSIEGENDEN LIQUIDITÄT
...bis in mein trautes Heim.
Du hättest nicht so hetzen müssen! Essen gibt es erst in 15 Minuten.

Kapitel 9:

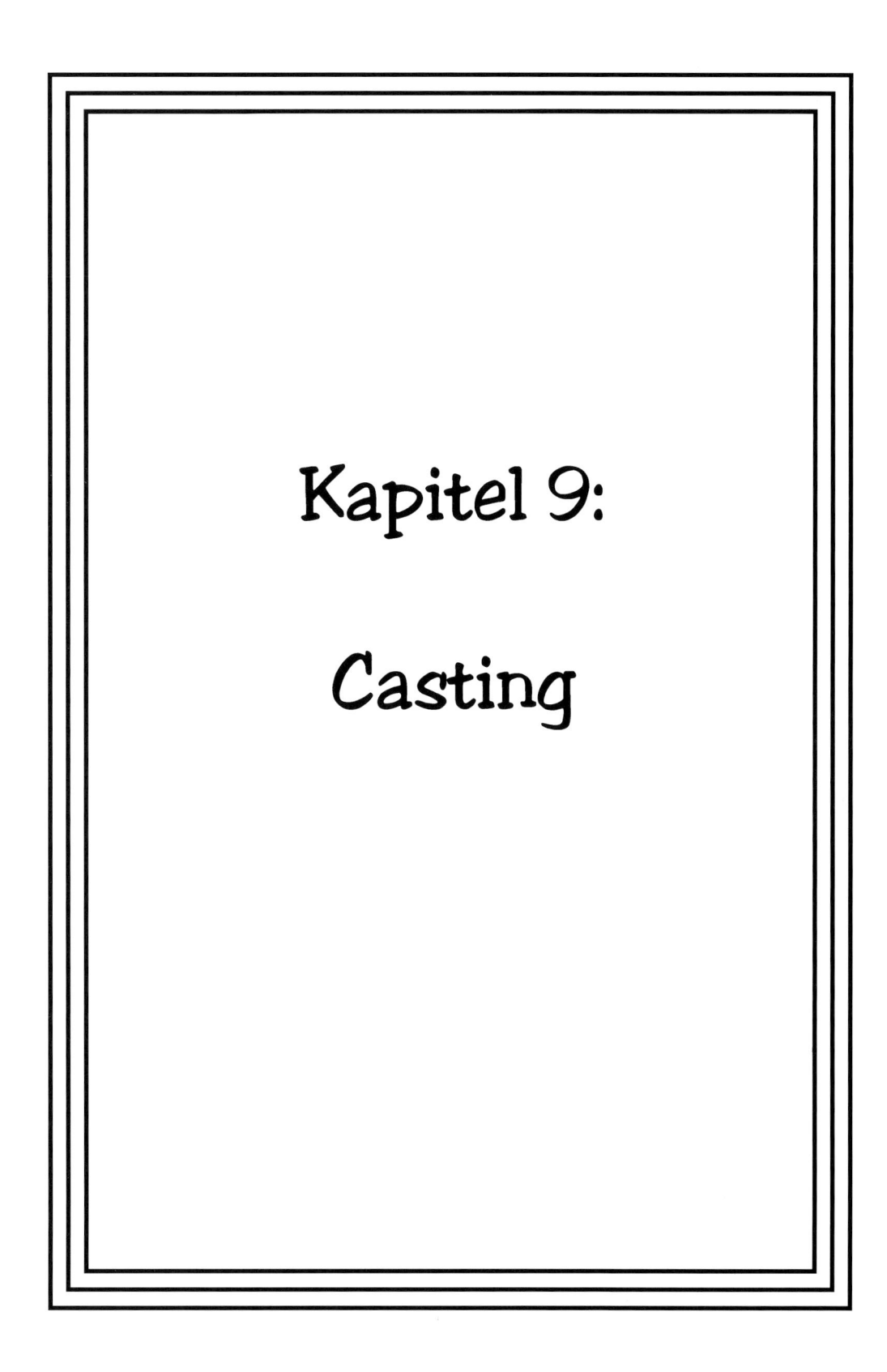

Casting

Natürlich musst nach meiner Rückkehr sofort die Stammtischrunde einberufen werden...

Nachdem ich ihnen meine Erlebnisse erzählt hatte...

'ne tolle Geschichte, Alter!

Schmidt - der Drachentöter, höhö!

Da hast Du echt Ehre für uns eingelegt!

Aber den idealen Mandanten haben wir leider immer noch nicht...

Wohl wahr!

Seufz!

Hättest Du nicht die Prinzessin... so nebenbei... heiraten...?

War ja nur 'ne Frage...

Jungs, ich hab's!

"Casting" ist doch total in! Wir suchen einfach "Deutschlands Next Supermandanten"!

Toll!

Cool!

Genau. Da stellen wir dann schwierige Aufgaben!

Zum Beispiel: "Zur Übergabe an Ihren StB sortieren Sie alle Belege nach Einkunftsarten in separate Ordner. Die Zeit läuft... ab jetzt!"
Oder: "Zahlen Sie diese exorbitante Honorarrechnung ohne Murren und Nachfragen!"
...und jede Woche fliegt einer raus!
Tja, Dieter. Für Dich habe ich heute keine Einkommensteuererklärung.
Schnüff!
Schnüff!
DNSM
Deutschland's Next Super-Mandant
Und das Ganze vertickern wir dann ans Privatfernsehen!
Was haltet Ihr davon?
Hm...
Hm...
Hm...
Hm...

Ja, aber... bei den vielen Casting-Shows... vermutlich verwechseln uns die Kandidaten!
Nein! Wir suchen keine Sänger!
DNSM
Deutschland's Next Super-Mandant
Das müsste ja nicht nur unangenehm sein...
Nein. Wir suchen keine Models. Aber was machen Sie heute Abend?
M
Deutschland's Next Super-Mandant
Ich glaube, das ist alles Quatsch!
Wieso denn...?
PLOPP
Naja, Kandidaten gehen zu Casting-Shows, um Kohle zu verdienen. Werbe- und Plattenverträge und so.
Wir brauchen aber einen Mandanten, der Geld hat, damit sich eine Beauftragung für uns lohnt.
Spielverderber!

Und wenn man sich an einen geldigen Industriemagnaten mit einer solchen Idee wenden würde - wie wäre wohl seine Reaktion?
Ach, toll! Ich liebe solche Spielchen, bei denen ich mich vor einer Jury und einem Millionenpublikum zum Deppen mache! Und wenn ich gewinne, sind Sie mein Berater? Reizend!
So? Oder eher so:
Von meiner Zeit haben Sie genug gestohlen. Das Security-Personal wird Sie sicher vor die Tür bringen.
Na gut. Adieu, Casting-Idee!
Tja, leider kann man sich den idealen Mandanten nicht backen!
Was hast Du eben gesagt?
Naja, dass man sich den idealen... nicht backen...
Warum eigentlich nicht?

Kapitel 10:

Backe, backe Kuchen

Zutaten

- 51 Eier
- 3,1 Kg Puderzucker
- 10 Packungen Vanille-Zucker
- 1,25 L Öl
- 4,05 Kg Mehl
- 5 Packungen Backpulver
- 10 EL Kakaopulver
- 1,25 L Wasser
- Ordentlich Rosinen...
- 5 Mega-Tafeln Schokolade

So lasst uns beginnen!
Erst mal 51 Eier aufschlagen.
Nicht kleckern, sondern klotzen!
Diese mit 3,1 kg Puderzucker, 10 Päckchen Vanille-Zucker und 1,25 l Wasser mixen.
Der wird echt süß!
Anschließend 4,05 kg Mehl mit 5 Päckchen Backpulver mischen.
So kriegt der Mandant Substanz und das Pulver sorgt für wirtschaftlichen Auftrieb.
EHL
EHL
MEHL
MEHL
Dabei 1,25 l Öl langsam einfließen lassen.
Damit die Zusammenarbeit wie geschmiert läuft.
GLUCK
ÖL
Ordentlich Rosinen in den Teig geben...
Die will ich mir ja später auch reichlich rauspicken!
ROSINEN
ROSINEN
...und mindestens fünf Mega-Tafeln Schokolade schmelzen, um die "Schokoladenseite" des Mandanten zu betonen.
Bei der Backzeit darauf achten, dass der Mandant innen flüssig bleibt.
Also liquide...
MONSTER SCHOKO

So, die Form kommt jetzt in den Ofen.
Das Schöne an Comics ist, dass sich niemand wundert, woher auf einmal so eine riesige Backform kommt und wieso die in den Ofen passt.
Danach stieg die Spannung und der Teig.
Besser als Fernsehen!
Nach dem Backen auskühlen lassen!
Bis dahin könnt' ich noch ein paar Schriftsätze...
Als ich jedoch nach einer halben Stunde zurückkam, ...
KÜCHE
...musste ich feststellen:
Waaaas ?!
Da... wer... wie... ???
Köstlich, der Kuchen, Chef!
Alles selbst gebacken?
Wir haben auch ein bisschen an die Mandanten verteilt.

Tja, was blieb?
Lecker! Das nennt man dann ja wohl: "Sich ein Mandat einverleiben".
Zwischenbetrachtung der Autoren:
Wir konnten nun feststellen, dass Herr Schmidt seine Mandanten zum Fressen gern hat!
Aber ob er auch backen kann?
TEXTER
ZEICHNER
Da das zugehörige Rezept veröffentlicht wird, gibt es sicher Leser, die diese Backanleitung fachlich bewerten.
TEXTER
ZEICHNER
Deshalb haben wir uns entschlossen - quasi im Selbstversuch - den Kuchen nachzubacken.
TEXTER
ZEICHNER
Was, da es sich um Essen handelt, nicht den Interessen meines Kollegen zuwider läuft.
Wieso?
TEXTER
ZEICHNER
Bald stellte sich heraus, dass wir zwar wenig Routine, aber dafür viel Spaß hatten:
Sehr witzig!
Das nennt man wohl "Eierkopf"!

Seltsam war das Verschwinden von Zutaten...
Hast Du die Schokolade gesehen?
Nö.
Eine gute Gelegenheit für Kalauer aller Art:
Wie "rührend"!
Ich hab' da eher "gemischte" Gefühle...
Die Backphase fanden nicht alle gleich spannend.
Wirklich besser als Fernsehen!
Aber man kann nicht zappen!
Das Ergebnis...
Riecht gut!
Hmmm...
...hat uns dann doch überrascht!
Guten Tag, meine Herren! Meine Steuerunterlagen habe ich selbstredend perfekt vorbereitet und gleich vollständig mitgebracht!

Kapitel 11:

Wir basteln uns einen Mandanten

Ach, Sie sind's!
Ein Teilergebnis meiner bisherigen Suche ist, dass ich mir zwischenzeitlich ein Bild vom idealen Mandanten gemacht habe.
Das kann man durchaus wörtlich nehmen...
Und um unserer Geschichte eine interaktive Note zu geben kann sich jeder Interessierte dieses Bild auch ausschneiden.
Das Schnittmuster finden Sie auf der nächsten Seite!

Der ideale Mandant

Das Aussehen ist letztendlich völlig egal. Er sollte allerdings folgende Eigenschaften haben:

- Ausreichende Auffassungsgabe
- Anspruchsvoll, aber realistisch
- Erfolgsorientiert
- Pünktlich, exakt und zuverlässig
- Zahlungswillig und -fähig
- Humorvoll

Allerdings ist der praktische Nutzen beschränkt. Man kann sich mit dem Schnittmuster weder unterhalten...
Sag mal was!
...noch ist damit ein reales Mandat verbunden.
Und - hat er schon die Unterlagen reingereicht?
Nö...
Aber man kann es als ständige Motivation vor Augen haben, ...
Dich will ich!
IDEAL-MANDANT
...als Steckbrief nutzen, ...
WANTED
IDEAL-MANDANT
Kennen Sie den?
Nie gesehen!
...leider auch völlig zweckentfremden, ...
He!
War doch nur 'n Spaß, Chef!
...oder zumindest als Spielzeug für die lieben Kleinen verwenden:
Nein, Man - dant!
Mann!
Manan!
Den kannst Du Dir schön ausmalen!

Kapitel 12:

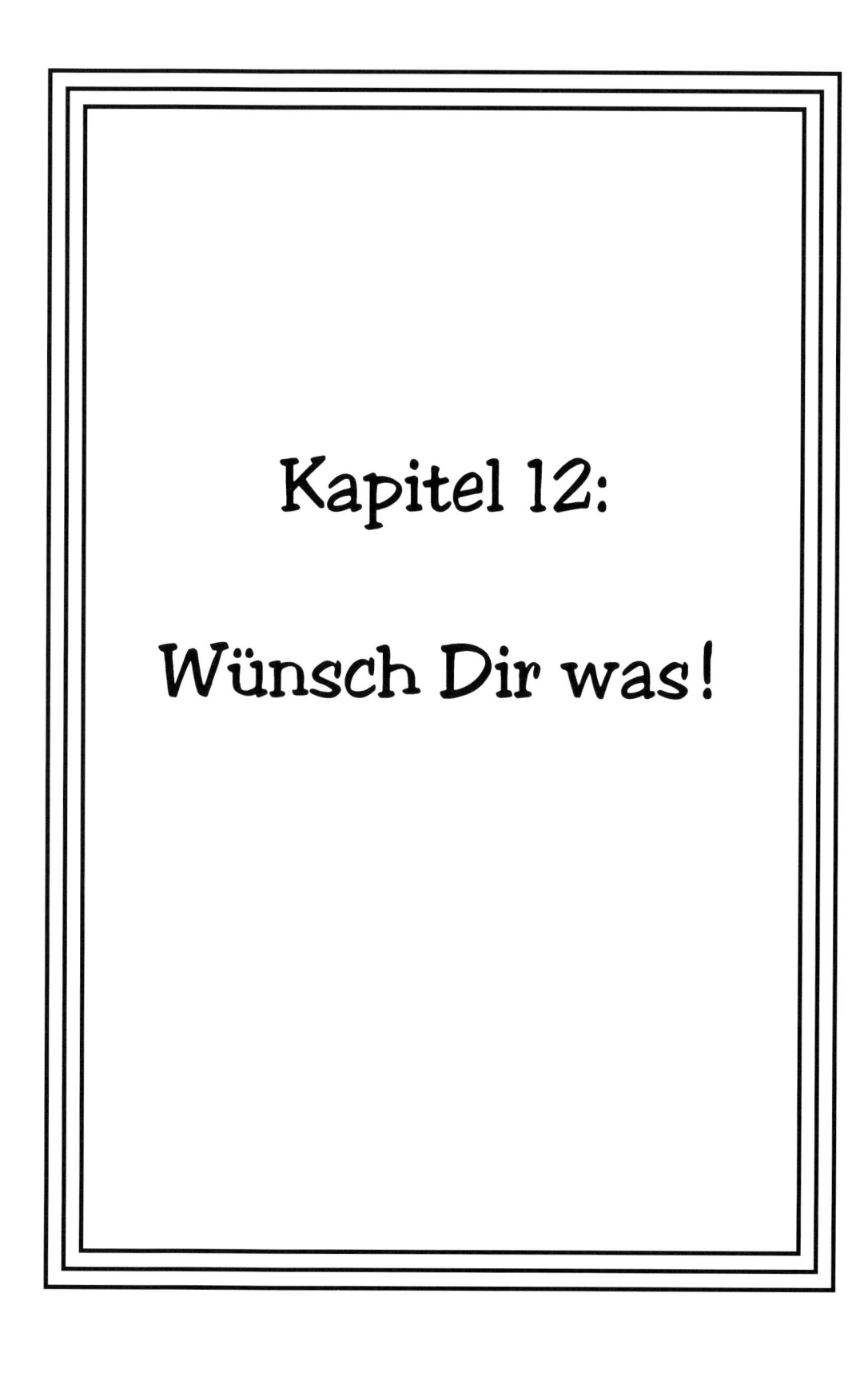

Wünsch Dir was!

Panel 1: Da saß ich nun in einem Straßencafé und dachte über meine fehlgeschlagenen Aktionen nach, ...

Café Italo

Panel 2: ...als plötzlich...

Café Italo

Brems

Panel 3: Könnten Sie mich mal schnell verstecken?

Äh... wie bitte?

Café Italo

Panel 4: Danke!

Café Italo

Panel 5: Ist hier 'n Mädchen vorbei gelaufen? 'Ne zierliche Person, etwa so groß.

Äh... aua... nein!

Kick

Panel 6: *(ohne Text)*

Wer war denn das?
Die waren vom DFB. Die suchen mich!
Kann ich ein Eis haben?
Äh... sicher. Was will denn der DFB von Ihnen?
Und dann erzählte sie ihre unglaubliche Geschichte:
Ich bin die offizielle Fee des Deutschen Fußballbundes!
Was???
Seit 1990 erfülle ich die Wünsche für ein erfolgreiches Abschneiden unserer Nationalmannschaft bei Welt- und Europameisterschaften
Ein Eis.
Brego!
Danke.
Aha.
Ein ziemlich schwerer Job, wenn man bedenkt, mit welch traurigem Spieler-material ich zeitweise auskommen musste. Kann ich mal Feuer...?
Nichtraucher...
Egal...
Paff

Panel 1:
— Ja, aber dann müssten wir doch immer gewinnen, oder?
— Würden wir ja auch.

Panel 2:
— Aber ein paar andere Nationen, wie zum Beispiel Italien, haben auch ihre Feen. Dann hebt sich der Zauber auf und es entscheidet die Tagesform!

Panel 3:
— Als ich bei mir Anzeichen eines Burnout-Syndroms feststellte, beschloss ich, aufzuhören.

Panel 4:
— Deshalb habe ich mich bei der diesjährigen WM vor dem Halbfinale vom Acker gemacht. Ich dachte, die schaffen das auch allein...
Schnipp
— Tja...

Panel 5:
— Und jetzt wollen die Sie wieder zurück haben?
— Ja. Aber da geh' ich nicht mehr hin!

Panel 6:
— Danke, dass Sie mich nicht verraten haben. Sie sind mein Retter!
— Keine Ursache!

Ach ja - für Feenrettung gibt's ja üblicherweise eine Belohnung! Sie haben einen Wunsch frei!
Ich möchte ja nicht gierig erscheinen... aber waren das nicht immer drei Wünsche?
Früher mal. Wie gesagt - mein Job hat mich ziemlich ausgelaugt. Einer ist aber schon noch drin.
Da wüsste ich schon was! Kommen Sie mal mit!
Schnell war die Stammtischrunde zusammengetrommelt!
Kurz darauf in unserer Kneipe:
Und das, meine Herren, ist eine Fee!
Die Kleine ist ja reizend!
Na hör mal, mein Junge...
Weiß Deine Frau...?
Es brauchte einige Zeit, um meine Kollegen zu überzeugen, aber dann...
Na super! Dann wünschen wir uns jetzt...
...den idealen Mandanten!

Kapitel 13:

Am Ziel?

Und es passierte...	...nichts!

Geht's nicht?

Zu schwer?

Doch, aber...

Ihr habt doch schon die idealen Mandanten! Jeder hat die Mandanten, die er verdient!

Das hab' ich schon mal gehört...

Ist das hier Feenzauber oder Coaching?

Unser Herr Schmidt liebt zum Beispiel Herausforderungen!

Woher weißt Du das?

Ich kann in Eure Herzen sehen!

Oh - oh!

Deshalb hast Du Mandanten, die Dir schwierige Aufgaben stellen.
Hm...
Du bist ein sehr ethischer Mensch und lebst das auch. Was gäbe es für Dich zu tun, wenn alle Mandanten schon gute Menschen wären?
Dann wärst Du als moralische Instanz überflüssig!
Genau, Herr Saubermann!
Du bist ein Pedant! Deshalb brauchst Du chaotische Mandanten, ...
Also bitte!
KNUFF
...sonst wirst Du zu eingefahren und Deine Kreativität geht vor die Hunde!
Stimmt genau!
Alter Erbsenzähler!
Und Ihr beide führt ein lockeres und genussvolles Leben.
Naja...
Pöh...
Da ist es gut, wenn Euch Eure "Wichtig-Mandanten" daran erinnern, wie viel Verantwortung Ihr tragt!
Ist schon...
...was dran!

98

Ich geb' einen aus!
Super!
Ist 'n Wort!
Was 'ne Fee!
Zau-ber-haft!
Und so hatte diese Geschichte eine weitere lange Nacht...
Der nächste Morgen zuhause begann mit einer Überraschung...
Ding Dong
Wer kann das sein?
Du?! Hier?!
Schatz!
* Reisekrönchen
Ich bin den ganzen Weg zu Dir gerannt!
Wer ist denn da?
Komm doch mal, Karin!

Panel 1: Das ist die Mandantenprinzessin, von der ich Dir erzählt habe.

Panel 2: Ach, Sie würden also gerne meinen Mann heiraten? — Kracks

Panel 3: Nachdem die Fronten geklärt waren, ging es ums Trösten:
...und solange es nicht mein Mann ist, wünsche ich Ihnen dabei viel Erfolg!
...nicht so schlimm! Du findest sicher einen anderen!
Buhuhu!

Panel 4: Und kaum war die Unglücksprinzessin gegangen, ...
Schnüff...

Panel 5: ...hatte ich eine Idee!

Panel 6: Hör' mal, Fee! Ich hätte da 'ne Aufgabe für Dich... ja, als Glücksbringer... nein, keine elf Mann, nur _ein_ Mädchen.

Kapitel 14:

Ende gut...

(Wie beim Märchen üblich, könnte man jetzt sowas sagen wie "Und so lebten alle mehr oder weniger glücklich weiter. Und wenn sie nicht gestorben sind, so leben sie noch heute". [TEXTER / ZEICHNER]	Da das natürlich etwas unspezifisch ist, konkretisieren wir gerne, wie folgt. [TEXTER / ZEICHNER])
Die Stammtischrunde traf sich weiterhin und selbstredend wurde auch weiter gelästert... Haha! Habt Ihr das gehört? Da hat doch neulich... Haha!	Die Fee hatte der Prinzessin schnell einen adäquaten Ehemann besorgt.
Beflügelt von diesem Erfolg eröffneten Fee und Prinzessin eine Partnervermittlung, ... Agentur Wunschpartner EINGANG	...deren Erfolg auch darauf beruhte, dass manchmal dem Glück mit etwas Feenzauber nachgeholfen wurde: So jemanden wie Dich habe ich mir immer gewünscht!

Als steuerlichen Berater suchten sich die beiden Jungunternehmerinnen - na, wen wohl? "Das sieht ja super aus! Ihr seid ja echt ideale Mandanten!"	Aber eine kleine Herausforderung war trotzdem dabei: "Schreibe ich den 'Feenstaub' unter 'Werbungskosten' oder 'Sonstige Betriebsausgaben'?"
Die Steuerbehörden des Mandantenkönigs wurden durch den Verlust des Drachens ihres wichtigsten Druckmittels beraubt... "Ach, herrje..."	...und waren daher sehr kooperativ, ... "Ihre Steuerlast? Ach, zahlen Sie einfach, was Sie für angemessen halten!"
...so dass eine steuerliche Beratung nunmehr verzichtbar war. **KEIN** Steuerberater gesucht "So."	Nur der DFB vermisste in einigen Situationen seine frühere Fee... Liechtenstein: 2 Deutschland: 0

Und wir Autoren waren zunächst auch...
Geschafft !!!
TEXTER
Ist das das Ende?
Dring (end) *
* Typisches, energisches Klingeln aus dem Lektorat
Ja, meine Herren - nach dem Buch ist vor dem Buch! Für das nächste hatte ich mir vorgestellt, dass Schmidt mit internationalen Steuerbehörden kämpft, und dabei sollen auch Piraten oder Außerirdische vorkommen...
Ist was passiert...?
Tipp

ENDE